AF232312

LA PAIRIE.

PARIS,

A PIHAN DELAFOREST,

IMPR. DE MONSIEUR LE DAUPHIN ET DE LA COUR DE CASSATION

rue des Noyers, n° 37.

1827.

Le Ministre ;

Le Fanatisme anti-catholique ;

La Politique royaliste à l'égard de la Péninsule ;

Des Journaux à l'occasion du projet de loi sur la Presse ;

Un Homme de trop ;

Un Français aussi au ministère.

On ne veut pas entendre ce que c'est que le système constitutionnel, et quels sont ses avantages, quels sont ses inconvéniens.

On ne veut pas concevoir qu'un instrument détourné vers des fins étrangères, se fausse et perd toute sa force.

On ne veut pas reconnaître que l'usage déréglé se transforme en abus, et que l'abus ne permet plus l'usage le mieux réglé.

La perte de l'État doit s'en suivre.

Après la dissolution de l'ordre social, pour organiser ses élémens dispersés et leur souffler l'esprit de vie, l'institution de la charte fut nécessaire.

Au sein d'une population éparse, ignare, frivole, à travers le tourbillon des défiances et des prétentions, l'établissement de la charte était difficile.

Par l'effet de la prostitution des principes, de l'aberration des idées, de la perturbation des actes, l'affermissement de la charte devient impossible.

Et ce qui est, venant à périr, ce qui était, ne devant plus renaître, rien ne reste.

Il ne faut pas parler des chiens, des chevaux, races douées d'intelligence et de sagacité, tellement qu'elles font honte à l'espèce humaine, que l'arbitraire et le despotisme ont hébétée, abrutie; races dont les forces s'exaltent en intensité, dont les mouvemens s'opèrent en harmonie, grace à la direction, à l'excitation, qui leur sont imprimées par l'ascendant du maître.

Voyez seulement ce troupeau de moutons, auquel un caillou lancé au loin par la houlette, trace les limites respectées qu'il ne franchira plus; voyez cette bande de dindons, qui, parquée entre deux longues gaules, traverse les embarras de Paris, s'arrête à la voix, puis se remet en route, jusqu'à ce que le marché ambulant soit enfin vidé.

Mais il n'est besoin d'aller chercher des modèles parmi les brutes : les hommes mêmes, cités au tribunal de l'histoire, offrent assez d'exemples du fanatisme des sectes et des partis, du vertige de la liberté et du prestige de la gloire, appor-

lent assez de preuves de l'influence exercée par
les chefs de famille et de tribu , par le sacerdoce et la noblesse, par les corps politiques et
judiciaires.

L'expérience et la raison nous crient d'une
commune voix que, soit pour emporter la société
hors des voies accoutumées et obtenir des effets
extraordinaires, soit pour la maintenir sous les rè-
gles établies et consolider son état de repos, c'est
l'ascendant moral qui a toujours agi , toujours
réussi, et non pas l'impulsion ou la répression
matérielles.

Entre ces deux sortes de moyens, l'une fournit
des Grecs et des Romains, le Français des croi-
sades et l'Anglais de nos temps, tandis que l'autre
façonne des ilotes à Sparte et des esclaves à Rome,
le serf de Russie et le nègre de l'Amérique. Qu'on
fasse le choix.

Or, quand la magie de la couronne a été affai-
blie par la marche des siècles et par les fautes du
ministère, quand sa splendeur a été obscurcie au
sein d'une nuit de vingt cinq ans, après que toute
hiérarchie est dissoute, toute coutume abolie,
toute habitude rompue, toute tradition oubliée,
en quel lieu, par quel mode irez-vous tenter d'é-
riger le siège de cet ascendant moral, de cette
puissance intellectuelle, qui est revêtue du privilège d'enlever les volontés, sans se débattre avec

les opinions, et d'épargner, par l'effet d'un assentiment bénévole, les frais, les retards, les périls de l'emploi de la force civile et militaire.

Les Chambres se présentent seules sous ce rapport : merveilleuse invention par laquelle le sujet est fait citoyen, et se tenant comme associé commanditaire du législateur, accueille la loi au lieu de la subir.

Seulement il faut que la foi, le respect, admettent et consacrent au profit des Chambres l'investiture de l'ascendant moral ; et la foi, le respect, doivent appartenir d'origine ou être acquis par la conduite.

A l'égard de la conduite, on ne peut vanter l'une, on ne doit vanter l'autre qu'à demi : en tout cas, le temps aurait manqué.

Observons toutefois comment, en dépit de l'ordre naturel des choses, la conduite plus honorable de la Chambre des Pairs lui a réparti une autorité supérieure, lui a attribué une consistance prématurée.

Il est triste que son origine, que le mode de sa formation se soient trouvés impropres à concourir aux mêmes fins.

D'abord composée d'après la tradition des droits anciens et la convenance des faits existans, la Chambre a été bientôt altérée par l'introduction subite de soixante et de trente pairs, dont les titres, au moins pour un grand nombre, ne s'étaient nullement rencontrés dans les prévisions de l'opinion publique.

Le premier délit étant resté impuni, a bientôt entraîné le second : tout acte toléré tourne en précédent, fait jurisprudence.

Et maintenant doit-il circuler quelque caprice autour de la table du conseil? Soudain un bloc de Pairs sera jeté en fonte : plus le projet favori est révoltant, plus la mesure fatale devient obligée.

Maintenant quelque orage peut-il menacer une tête d'homme d'Etat? le Luxembourg se verra couronner d'une palissade de paratonnerres; car le bois dont on les fait n'est pas rare. Puis, devienne ce que pourra la foudre.

Mais que des lois soient emportées, que des ministres soient acquittés, l'excès du mal appellera le remède; un jour ou l'autre, il faudra bien que le gibet sorte enfin de terre, à la suite d'une convulsion peut-être, portant aux races futures une leçon trop lentement mûrie.

Voici le désastre et voici le forfait.

La force ne prévient point, ne réprime que pour l'instant; la force arrive trop tard et frappe après coup; la force aveugle en ses desseins, en imposant la crainte, provoque la vengeance : la force est bientôt surprise et domptée par l'opinion qu'elle enchaîna d'abord. La force est antagoniste de la durée.

Le principe de la vie sociale gît dans l'ascendant moral, et l'ascendant moral est dévolu par la puissance des temps, par le poids de l'exemple et de l'habitude, aux Chambres législatives; l'ascendant moral, en ce qui touche la consécration, la consolidation de l'ordre constitutionnel, est réservé à la Chambre haute, institution éminente, immuable.

Or, toutes les fois qu'une nomination de Pairs ne paraît pas motivée par des causes légitimes, chaque fois qu'un ou plusieurs noms ne semblent pas indiqués par le mérite et les services, dans la même proportion que s'attache la défaveur aux intrus de l'arbitraire, la faveur se détache du corps qui garde le palladium de nos destinées.

Le Roi absolu ne pouvait créer un gentilhomme, ne pouvait investir du renom et du crédit : et vous entendez que le contre-seing du ministre, au bas de quelque parchemin peut-être moisi, ou de quelque papier trop sale, sera capable d'imposer le caractère d'une magistrature toute morale.

Le Tout-Puissant même ne peut faire qu'il se soit écoulé un siècle, depuis les derniers douze mois : et vous entendez que ces existences, soudainement émises à la lumière et jetées sur les fleurs de lis, prendront aussitôt du poids.

Déja tant de fatalités poursuivent la Chambre haute.

La nouveauté! Qui de nous n'a pas frayé à l'égal avec un grand nombre de Pairs, n'a pas tenu le pas au-dessus de quelques-uns : hier encore, ils étaient nos compagnons; le droit de maîtrise ne s'acquiert que par la sanction du temps.

L'alliage! Qui de nous s'attendait à voir tels et tels promus à cette dignité? Qui de nous ignore par quelles voies sournoises, certains y sont parvenus? Deux ou trois générations suffiraient à peine pour que leur race soit lavée de la tache originelle.

Et vous complotez d'y introduire un nouvel alliage, soit que la servilité ouvre la porte à d'anciens noms, autrement laissés dans l'oubli, soit que la connivence et la complicité aident de plates gens à se tirer de la boue.

Vous vous résignez à frapper la Chambre haute d'incompétence dans ses fonctions tutélaires, à fonder l'incompatibilité entre son existence matérielle et son existence morale.

Ici, le nombre, le chiffre est de la première importance : à l'aide du temps, la nouveauté s'efface et l'alliage s'épure. Mais le temps n'affaiblit point les vices inhérens au nombre, ne tend au contraire qu'à surcharger le chiffre déja démesuré.

Un célèbre orateur l'a dit : doit-il survenir soixante Pairs pour faire la loi sur la presse, tôt ou tard il en viendra soixante pour la défaire, puis soixante pour la refaire.

Encore son calcul est trop généreux : il en faudrait cent vingt pour défaire et deux cent quarante pour refaire. C'est en progression géométrique que les fournées sont commandées.

Comptez donc les Pairs par centaine, pour moyen terme de chaque année.

Et observez comment le choix sera d'autant plus périlleux, comment la candidature se propagera de plus en plus, comment l'envie et le mépris enfanteront les haines, les défiances, les répugnances.

Observez comment l'ordre et l'accord s'évanouiront parmi cette cohue, comment les torts de tel ou tel membre rejailliront sur le corps même, comment le corps perdra ainsi de son influence sur l'opinion, de la confiance en ses forces.

« Il n'y a pas loin, s'écrie un journal anglais, dont les craintes sont moins motivées, de la dégradation de la pairie à la dégradation de la royauté. » (*Quotidienne*, 22 juin.)

Cependant en Angleterre la pairie est implantée dans le sol ; la pairie offre dans chacun de ses membres, le noyau d'une masse d'intérêts ; la pairie représente, avec le concours de quelques députés des comtés, la population et la richesse agricole.

Et la royauté, bien qu'entée par la violence sur la souche légitime, après un siècle et demi d'existence, se trouve en harmonie avec le principe religieux, se porte au devant de tous les besoins de la civilisation, tient maintenant plus que jamais.

En est-il de même en France, à la suite d'une triple révolution, sous l'empire des préjugés et des passions, dans l'ère de la cupidité, de la pusillanimité, à travers la brusque marche et les écarts impétueux du dix-neuvième siècle?

Au contraire des intelligences, qui s'entendent si rarement, les consciences naissent d'accord et vivent en harmonie, sans qu'il faille que de l'une à l'autre, les sentimens soient transmis par la parole ou soient traduits sur le papier ; émanations identiques du principe suprême, elles se montrent de même affectées, et rendent de même l'expression de la conscience du genre humain.

Il est des vérités éternelles, universelles, lesquelles étant intimes à chaque homme, étant communes à tous les hommes, constituent la vérité de race, la vérité propre à l'humanité, et forment le fonds du sens commun. L'évidence ne peut se démontrer, dit la sagesse des nations.

Dans l'ordre politique, il dérive de ce fonds du sens commun, des coutumes, des usages, des habitudes qui se retrouvent constamment dans toutes les sections de la société générale, à moins que la violence ne soit venue à la traverse. Et notez bien ce point : tant que la règle naturelle est observée, on ne songe pas à la mettre en écrit, à la faire passer sous le seing ; mais aussitôt que les exceptions sont établies, on n'en finit plus à les rédiger à la plume, à les proclamer sur les toits, à les appuyer par la contrainte.

Ainsi, ce sont des sous-entendus unanimes, auxquels il n'est attaché aucun texte qui se prête aux interprétations sophistiques, et dont l'esprit est saisi, est entendu dans le même sens par toutes les consciences, qui composent le corps du droit social.

Et parce que quelque article qui en fait partie n'a jamais subi l'épreuve de la discussion, n'a jamais été résolu par une délibération en due forme, enfin n'a pas été inscrit sur les tables de la loi, au lieu d'oser en induire que cet article n'est pas obligatoire, il faut plutôt conclure que sa prescription est d'ordre primitif, d'ordre immuable.

Le sens commun s'adresse d'une voix si claire et si forte aux consciences qu'il dédaigne le plus souvent de s'exprimer par des signes matériels aux intelligences.

Dans les temps anciens, bien que le code n'infligeât pas de punition, n'imposât pas même de prohibition à l'acte du parricide, nul n'a tenté d'en soutenir la légitimité, la légalité.

De nos jours, bien que la charte ne s'explique nullement à l'égard de la dynastie, de la loi salique, de l'indivisibilité du royaume, nul ne s'est permis de supposer que ces maximes fondamentales eussent perdu de leur autorité.

De même, bien que la charte n'ait pas spécifié minutieusement que le nombre des pairs s'arrêterait à telle ou telle limite, que le choix des pairs s'effectuerait sous telles et telles conditions, on n'est pas en droit de prétendre que le nombre est indéfini, que le choix est arbitraire.

Si la charte a gardé le silence, c'est qu'une tradition immémoriale consacrait le mode de nomination à la pairie aussi manifestement que le mode de succession dans la dynastie; c'est que l'invention, l'institution de la pairie porte en elle-même et ses limites et ses conditions : la fin commande les moyens.

Il n'y a point de degrés dans l'absurde : la Chambre haute est aussi mal appropriée à contenir un monde de pairs que le trône à soutenir deux rois.

La Chambre est destinée à protéger les libertés, à défendre la prérogative, et le grand nombre, le faux choix tueraient sa puissance.

La Chambre est appelée à concourir aux lois, à surveiller le ministère; et dans une cohue, dans une tourbe amassée au hasard, la sagesse est méprisée, la justice est méconnue.

Le rapprochement de quelques articles de la

charte vient à l'appui de ces considérations gé-
nérales.

« Toute loi doit être discutée et votée librement par la majorité de chacune des deux Chambres (art. 18.) »

Or, ce ne serait plus la majorité qui voterait,
si, à l'occasion d'un projet favori, elle était brisée
par la nomination de nouveaux membres; si le
ministre venait, par l'intermédiaire de certaines
mains, jeter des boules blanches dans l'urne du
scrutin.

Il n'y aurait plus de liberté dans les votes, si
les pairs, constamment sous le coup des menaces,
devaient se laisser aller à adopter des lois répu-
gnantes, dans la crainte que leur titre personnel
ne fût avili, ou que le salut public ne fût com-
promis par quelque introduction frauduleuse.

« La Chambre des Pairs connaît des crimes
de haute trahison. . . . . . . La Chambre des Pairs
a seule le droit de juger les ministres (art. 33
et 55). »

Sous l'empire de la jurisprudence ministérielle,
il faudrait transporter ces pouvoirs à un autre
corps qui fût inamovible et inaltérable. Le plus
mince tribunal, investi de ce double privilège,
ferait mieux justice que la Cour la plus haute, où
le prévenu institue lui-même ses juges; et jusque
là, tout ministre, après s'être rendu coupable de

trahison ou de concussion , sera certain de sortir de l'épreuve , blanc comme neige , à la charge seulement de commettre une nouvelle forfaiture.

Hélas! la Charte trop innocente , trop éloignée d'atteindre à la hauteur du siècle , n'avait pas prévu que des ministres constitutionnels, d'autant plus impatiens sous le frein qui leur est imposé, laisseraient tellement en arrière les ministres du Roi absolu ; car il n'y a pas d'exemple que, pour le profit d'un édit, pour le salut d'un secrétaire d'Etat, des conseillers de chambre ou des pairs de France aient été surajoutés à la cour du Parlement.

La Charte s'arrêtant trop aux données qui sont fournies par l'Angleterre, n'avait pas supposé que son œuvre, à peine ébauchée, serait exécutée à contresens du modèle ; qu'en dix années, l'enfantement des pairs s'élèverait au même chiffre que pendant cinq cents ans ; enfin que l'agrément d'en créer selon le besoin passerait en usage à Paris, au mépris des traditions anglaises.

Ainsi, les articles 18, 33, 55 de la Charte, qui peut-être ne constituent pas des dispositions réglementaires, sont biffés et raturés, sont comme non avenus, sont nuls et de toute nullité, en point de fait.

C'est-à-dire que le concours de la Chambre haute à l'œuvre législative, que son contrôle à l'égard de la politique ministérielle, n'existent plus.

C'est-à-dire que le ministère fait les lois, au moyen de quelques ruses, de quelques douceurs envers l'autre Chambre, et que le ministère fait la loi, tant au peuple délaissé par ses élus et privé de ses patrons, qu'au Roi même, tenu dans les ténèbres et enchaîné d'un triple lien.

C'est-à-dire qu'il n'y a plus de charte; car elle était toute entière dans le concours aux lois et le contrôle du pouvoir.

L'application scandaleuse d'une ligne de l'article 27 aura suffi pour dessécher et consumer le principe vital de la charte, pour mettre à néant ses préceptes, ses résultats, ses garanties.

« La nomination des pairs de France appartient au Roi; leur nombre est illimité. » Ainsi parle l'article.

Ce sont des mots : quel en est le sens?

Le mots ne forment à bien dire qu'une sorte de chiffre, dont la clef est plus ou moins difficile à découvrir. L'outil du langage est si défectueux, si mal adapté à son emploi, que l'intelligence, bientôt rebutée, se borne à rendre sa pensée au simple trait; aussi l'imagination voit dans l'esquisse jetée sur le papier tout ce qui lui plaît à voir, et ce n'est pas sans un grand travail que la raison parvient à se représenter le tableau dans toute sa vérité.

Par malheur il n'y a pas moyen d'interroger le fondateur et les rédacteurs de la Charte, quant à l'interprétation du texte ; mais avec la moindre réflexion, il est facile de se convaincre que leur pensée est complètement travestie à l'égard de l'article 27.

L'article dit que la nomination des pairs *appartient au Roi.* C'est un droit qui n'est pas conféré, qui est réservé plutôt ; c'est un droit qui a toujours été exercé par la couronne, en une certaine manière, qui sera encore exercé de la même manière, car les fins qu'on doit accomplir, les motifs qu'on doit apprécier, restent identiques. Et chacun sait quel scrupule était porté dans l'ancien régime, quant à l'investiture de la pairie.

Les articles de la Charte ont été combinés, coordonnés dans l'esprit créateur, en telle sorte qu'ils s'expliquent ou plutôt s'expriment l'un par l'autre. L'organisation des deux Chambres étant diamétralement contrastante, il devait y avoir opposition entre leurs bases respectives. Ainsi, suivant l'article 27, les pairs sont nommés par le Roi, et d'après l'article 55, les députés sont élus par les collèges : ainsi le nombre des pairs est illimité et le nombre des députés reste comme il était.

C'est relativement et comparativement avec le nombre fixe des députés que le nombre des pairs est illimité; car en prétendant saisir cette phrase dans le sens absolu, on arriverait à l'absurde.

Encore la Charte ne s'est-elle pas réposée aveuglément, ni sur la tradition des exemples monarchiques, ni sur les obligations de l'ordre constitutionnel. Si le respect pour la couronne a dû l'empêcher d'énoncer une restriction précise, son intention n'a pas craint de se manifester clairement.

En effet, quand l'article 27 a déclaré que le Roi peut varier les dignités des pairs, les nommer à vie ou les rendre héréditaires, l'article ajoute aussitôt : *selon sa volonté.* Mais après avoir établi que les pairs sont nommés par le Roi et que leur nombre est illimité, l'article se garde bien d'employer la même formule.

Or, ces mots sont significatifs : c'est selon sa volonté, suivant son opinion, d'après son idée, expressions à peu près synonymes, que le Roi ou plutôt le ministère est autorisé à faire usage de la prérogative, sous le premier rapport, attendu que cet usage doit servir, doit suffire au maintien de l'influence de la couronne, sans que l'abus même puisse compromettre le salut de l'État.

L'article 71 porte un nouvelle lumière sur le vrai sens du dictionnaire de la Charte. *Le Roi fait des nobles à volonté.* Est-ce assez marquant, assez frappant ? Le Roi fait. — Un trait de plume suffit.

— Le roi fait à volonté. — Des rames de papier sont sous sa main. Et cela devait être ainsi ; car cette faveur est souvent utile, jamais nuisible.

A volonté dit plus encore que *selon sa volonté*. La latitude s'étend en raison inverse du danger ; et comme le danger existe au plus haut degré, quant à l'extension du nombre des pairs, ni l'un ni l'autre de ces mots n'est ajouté à la déclaration du droit.

Voyez cependant quelle réserve est observée maintenant à faire des nobles, comme autrefois à faire des pairs ; voyez comment le ministre, convaincu du principe de la dégradation des dignités, vient ainsi reconnaître qu'un lâche intérêt serait seul capable d'induire à violer la charte, à trahir la couronne, à perdre l'Etat.

Les formes du gouvernement du Roi sont ainsi établies dans la charte :

« La puissance législative s'exerce *collectivement* par le Roi, la Chambre des Pairs et la Chambre des Députés.

« Le Roi propose la loi.

« Toute loi doit être discutée et votée librement par la majorité de chacune des deux Chambres. »

La charte dit collectivement, et non pas concurremment, conjointement, expressions moins précises, moins décisives.

Le parlement constitue un être collectif : les trois pouvoirs qui le composent sont investis d'un droit semblable, similaire, quant à la législation.

Dans ce corps indivisible, la délibération s'opère entre les pouvoirs ainsi qu'entre les membres d'une des Chambres, avec la seule différence que l'unanimité est requise au lieu de la simple majorité.

Il faut s'arrêter sur ce dernier point : c'est là

où réside le principe essentiel et efficace de la charte ; c'est de là d'où dérivent les garanties tutélaires de la société.

Le *veto* appartient également à chacune des branches du parlement ; deux de ces branches réunies sont réduites à vouloir ; seule , l'autre est douée de pouvoir.

Le Roi propose , la première Chambre propose encore , la dernière dispose.

Tel est l'ordre de choses que les circonstances ont formé , et que l'expérience confirma en Angleterre ; l'ordre de choses qui fut adapté à la France par l'esprit d'imitation plutôt que par le sentiment de conviction.

Or, une machine où les rouages sont justement engrénés et ont un mouvement libre, n'est pas exposée à mal fonctionner : voilà l'avantage.

Une machine où un seul rouage réfractaire peut arrêter et amortir l'action générale, est exposée à ne plus fonctionner : voilà l'inconvénient.

Dans les trois pouvoirs, le plus ancien est immuable, inviolable, inaltérable ; la faculté régulatrice et réparatrice lui est dévolue de plein droit.

Quel est celui, entre les pouvoirs inférieurs ou du moins postérieurs, sur lequel cette faculté peut être appelée à s'exercer ? Autrement, quel est celui dont le *veto* doit être le plus fréquent, le plus obstiné, le plus périlleux ? On le voit d'abord.

Il est une chambre élective; et quoiqu'il plaise de le nier, le sentiment, l'instinct du droit de participation des citoyens aux affaires de la cité, vit partout, survit à tout; les titres mêmes de membres des communes et de députés des départemens indiquent que sous la forme, par l'organe de ces prête-noms, la conscience, la puissance nationale, se manifestent.

Il faut parer aux caprices, aux prétentions de la Chambre.

Aussi la Charte dit : Le Roi peut dissoudre la Chambre des Députés.

Et remarquez qu'elle ajoute : Mais, dans ce cas, il doit en convoquer une nouvelle dans le délai de trois mois.

Remarquez que la réélection est renvoyée aux mêmes collèges qui ont effectué l'élection; en sorte qu'à bien dire, c'est un appel adressé à l'opinion, et non pas un ordre intimé par la volonté.

Là où il y a péril, péril éminent, imminent, voilà cependant comment le remède est restreint, comment les garanties sont limitées; tellement qu'à la première réflexion, on serait tenté de craindre pour le salut de l'Etat en certaines circonstances.

Mais la Chambre des Députés n'est pas seule, n'est pas souveraine : il existe un contrepoids dans la Chambre des Pairs, dont l'ascendant moral est capable de balancer son influence naturelle.

Cet ascendant n'appartient pas de plein droit; il s'acquiert par l'action combinée de la conduite et de la durée : la faveur ou la défaveur de l'opinion en dispose.

Ainsi, pour opérer le bien, pour empêcher le mal, il est tout-puissant; dans le sens inverse, il devient nul.

La pairie ne menace d'aucun risque, soit en l'envisageant en corps, car tout intérêt et toute force lui manquent, soit en la considérant dans ses élémens, car les relations de chaque membre le lient à l'état des choses, le soumettent à la couronne.

Et là où il n'y a pas de péril possible, quand la Charte, en sa sagesse, s'est abstenue d'offrir aucun remède, aucune garantie, serait-il tolérable que le ministre s'arrogeât une autorité exorbitante, se servît d'un moyen despotique autant qu'arbitraire.

L'altération de la Chambre des Pairs et la dissolution de la Chambre des Députés, dont le but est également de briser la majorité, d'en forger une contraire, différent en ce que l'effet de celle-ci est subordonné au vœu des collèges, tandis que celle-là se réalise à la volonté des ministres.

Si les banquettes centrales sont dégarnies, si le scrutin paraît effrayant, un trait de plume suffit pour combler le vide, pour colorer les boules. Le vote s'opère par ordonnance.

Le ministre aura gagné la partie : et le Roi, le pays, l'ont perdue. C'était le va-tout.

L'inconvenance des choix et l'exagération du nombre, tendent à déconsidérer la pairie, à lui enlever son ascendant moral, égide tutélaire de l'ordre social, arme enchantée dans les crises populaires.

De là, il arrive l'une ou l'autre de ces chances.

Ou bien la Chambre des Députés abuse de ses droits, envahit l'empire ; et reprenant les brisées de l'Assemblée Constituante, elle marche sous l'étendard de la souveraineté du peuple, trop certaine qu'en l'élevant au milieu des rangs dont elle émane, ces rangs se resserreront, la couvriront de leurs boucliers.

Le Roi dissout, les collèges réélisent : le Roi dissout de nouveau, toujours en vain.

Que faire de plus ? Le Roi est seul, seul contre tous. La pairie a perdu son ascendant : l'envie, la haine, la défiance, le mépris peut-être, l'ont coulé bas.

La France retombe en 1791, 1792.

Ou bien, car entre les désastres, on ne sait trop quel choix sera fait par la fatalité, la Chambre des Députés n'est que trop soumise, trop servile.

Le ministère a tout pouvoir, n'a plus qu'à vouloir : et depuis que le monde existe, nul homme n'a marché droit, sous l'ivresse du despotisme.

L'absurdité dans les lois, l'arbitraire dans les actes, l'arrogance dans les rapports, telles sont les suites.

Que faire alors? Il ne reste de la royauté que le sceptre, le siège. La tête sacrée est exposée au blâme : délaissé par l'amour, le respect et la foi, dépourvu de tout point d'appui dans l'opinion, comment le Monarque briserait-t-il la triple chaîne qu'auront forgée le ministère et les deux Chambres?

Car il ne s'agit plus seulement de chasser le ministère : il faudrait dissoudre une Chambre, bouleverser l'autre; il faudrait risquer le tout pour le tout.

Le remède répugne trop, et le mal s'agrave de jour en jour, rendant le remède d'autant plus urgent, d'autant plus pénible.

On n'a point encore vu le Ciel détourner des présages rendus au terme fatal, réprimer des périls prêts à éclater? Dans l'ordre de la providence la leçon succède aux conseils.

En thèse générale, la pairie, le corps aristocratique, n'ayant que des privilèges à perdre, et n'étant point appelé à saisir le pouvoir, se refuse à troubler l'État, à renverser l'ordre légal.

En France, la pairie ne possédant point d'intérêts en rivalité, n'aspirant qu'à fonder son autorité morale, se prête à améliorer, à seconder les vues de bien public.

En France, où les institutions ne sont pas consolidées, l'avantage de faire passer les lois les plus utiles, devrait encore céder à la nécessité de laisser prendre à la pairie un ascendant tutélaire.

D'où il suit que toute nomination de pairs, au-delà d'un certain nombre, ne pouvant être suscitée que par l'ambition personnelle, constituerait deux attentats capitaux, le crime de haute trahison envers le Roi, le crime de forfaiture contre la charte.

Et le double délit entraînerait les conséquences les plus fatales.

Le choix des pairs, parmi les évêques, donnerait à croire que le sacerdoce s'est rendu tributaire des ministres, ferait retomber sur la religion tant de haines, tant de vengeances amassées contre eux.

Le choix des pairs parmi les députés décèlerait à quel prix les ministres se sont approprié la jouissance de la majorité, dénoncerait vers quelles fins ils traîneraient la patrie épouvantée, au moyen des mêmes manœuvres.

Tellement qu'un pareil complot ne peut se tramer, si l'honneur n'est perdu, si l'existence n'est compromise.

POST-SCRIPTUM , 8 juillet.

De nos temps, l'absurde donne la mesure du probable.

Les lois de 1820, 1822, autorisent la censure des écrits périodiques , et les ordonnances de 1827 prescrivent l'examen préalable des écrits périodiques.

Cela est clair et précis.

Toutefois l'analyse et l'annonce même des brochures ne peuvent plus recevoir de publicité.

Tandis que les journaux sont seulement châtiés , on étouffe les pamphlets, comme on étouffait naguère entre deux matelas, les enragés.

Vienne le jour des justices ! Il y aura beau à mettre en cause les directeur, secrétaire et membres du bureau qui opèrent , et solidairement les autorités constituante et constituée qui tolèrent.

Peut-être cet écrit relatif aux plus hauts intérêts de la pairie, sans dire de la patrie, sera-t-il tenu hors de ligne.

Il est spécialement mis sous les auspices des pairs de France, membres du conseil de surveillance , lesquels , dans l'intervalle des sessions, ont pris charge, ce semble, de représenter la Chambre haute, au petit pied que

A. PIHAN DELAFOREST ,

Imprimeur de Monsieur le Dauphin et de la Cour de Cassation , rue des Noyers, n° 37.

www.ingramcontent.com/pod-product-compliance
Lightning Source LLC
Chambersburg PA
CBHW071437030726
47594CB00006B/2757